L'aventure du petit Zaid pour accomplir la Salat

Un livre pour enfants présentant la prière rituelle islamique

Collection Sincere Seeker Kids

Salam Alaykum, mon ami ! Je m'appelle Zaid, et j'ai 10 ans. Alhamdoulillah, je suis fier de dire que je prie Allah cinq fois par jour. Mais je vais te confier un petit secret. Je n'ai pas commencé à prier 5 fois par jour dès le début. Il a fallu tout un parcours pour arriver là où je suis aujourd'hui. Tout au long de ce parcours, j'ai beaucoup appris, et je dois admettre que j'ai aussi eu un peu de mal - ce n'était pas aussi facile que je le pensais. Mais cela en valait la peine. Je suis une bien meilleure personne maintenant, et je me sens bien !

J'ai une bonne nouvelle pour toi ! Je veux t'emmener faire un tour dans les coulisses pour découvrir le parcours que j'ai suivi pour arriver là où je suis maintenant. Je te promets que tu vas adorer et que tu vas apprendre beaucoup de choses, tout comme moi. Et tu seras impatient de faire tes prières tous les jours ! Allez, je t'attends ! On se retrouve à la page suivante, où l'on va remonter jusqu'à l'époque où j'avais sept ans !

"Fiston, viens me rejoindre et assieds-toi," dit mon père. Maintenant que tu es assez grand, il est temps d'apprendre l'une des choses les plus importantes que tu auras à apprendre et à faire", ajouta mon père.

"Wow, ça a l'air plutôt sérieux, papa, je suis prêt à t'entendre !". répondis-je à mon père.

"Mon fils, nous sommes musulmans, nous croyons et nous adorons Allah, notre Créateur, ton Créateur et le mien, le Créateur de ce monde et de tout ce qu'il renferme. L'une des manières les plus importantes de vénérer Allah est de le prier chaque jour, cinq fois par jour. La prière à Allah est le deuxième pilier de l'islam. La prière à Allah est appelée "Salat" en arabe, et cela signifie "connexion". Peux-tu deviner pourquoi, Zaid ?" demanda mon père.

"Hmm... c'est parce que, en faisant la Salat, nous nous rapprochons d'Allah ?"

"C'est bien ça, mon fils", répondit mon père en me félicitant sur la tête.

"La Salat est notre moyen de nous rapprocher d'Allah tout au long de la journée, afin de développer et d'entretenir une bonne relation avec Celui qui nous a créés, Celui qui nous aime tant ! Lorsque nous prions, nous demandons à Allah de nous guider pour qu'il nous montre le bon chemin pour vivre une vie honnête dans ce monde et nous rapprocher de Lui afin que nous puissions être avec Lui dans l'autre monde", expliqua mon père.

"Zaid, j'ai une surprise pour toi demain, nous allons aller dans un endroit très spécial", ajouta mon père.

Je me levai aussitôt. "Où ? Où est-ce qu'on va, papa ?" demandai-je tout excité.

"Tu le sauras demain, Zaid", dit mon père.

"Zaid, descends, mon fils, c'est vendredi et nous allons à cet endroit spécial dont je t'ai parlé hier", dit mon père.

Je courus dans les escaliers, "Prêt, prêt !" criai-je.

"Avant de partir, j'ai une surprise pour toi, Zaid."

"Deux surprises en un jour ?" demandai-je, retenant à peine mon excitation.

"Oui, mon fils, je t'avais dit qu'aujourd'hui serait un jour spécial pour toi. Vas-y et ouvre ton cadeau, fils."

J'ai ouvert le cadeau, c'était un magnifique vêtement blanc qui descendait jusqu'aux chevilles.

"Ça s'appelle un 'Thawbe', mon fils. Essaie-le et allons-y", dit mon père.

J'enfilai la tenue, avant de sauter dans notre van familial bleu et d'attacher ma ceinture de sécurité. Nous avions déjà roulé pendant une dizaine de minutes, avant que mon père ne dise : "Nous sommes arrivés !"

Je regardai autour de moi et je remarquai que beaucoup de gens garaient leurs voitures et se dirigeaient vers ce magnifique bâtiment blanc surmonté d'un dôme vert. Beaucoup d'entre eux portaient des Thawbes, tout comme mon père et moi. Alors que nous marchions dans ce beau bâtiment blanc--- nous entrâmes dans la zone de prière, où il y avait un superbe tapis rouge sur tout le périmètre et des lignes tracées l'une après l'autre. Il y avait beaucoup de gens, certains en train de prier, d'autres assis.

"C'est ce qu'on appelle une mosquée, ou Masjid en arabe, mon fils," dit mon père. "C'est l'une des nombreuses maisons d'Allah. Les musulmans viennent ici pour prier Allah tous les jours, surtout le vendredi, le jour béni de la semaine", ajouta mon père. "Maintenant, avant de prier, nous devons faire nos ablutions, appelées Woudou en arabe", continua mon père.

"Qu'est-ce que c'est ?" demandai-je à mon père, étonné.

Le woudou est ce que les musulmans font avant de prier. Un musulman doit se nettoyer et se purifier en se lavant les mains, le visage, les bras, la tête et les pieds. Il est important qu'un musulman se lave, qu'il ait des vêtements propres et qu'il ait un endroit propre où prier. A présent, allons dans la salle d'ablution, tu peux me regarder faire le Woudou et faire comme moi, mon fils", dit mon père.

Après nous être lavés, nous sommes entrés dans la zone de prière. Le vendredi, il y a un discours que l'imam - la personne qui nous dirige dans la prière - donne avant que nous priions.

"Le discours va commencer dans deux minutes, assieds-toi, mon fils", dit mon père.

Alors que mon père et moi étions assis, quelqu'un se leva, ajusta le micro et annonça l'Adhan, le chant islamique ou appel à la prière donné avant la prière pour appeler les gens à venir prier. Le discours de l'imam portait sur l'importance de la Salat et sur la raison pour laquelle nous l'accomplissons.

'Nous adorons Allah parce qu'il mérite d'être adoré en raison de ce qu'Il est. Il est le Seul à avoir le contrôle total de tout. Il est Tout-Puissant, Sage, Omniscient et Audient. Nous le vénérons aussi pour le remercier de nous avoir créés et de nous avoir donné tout ce que nous avons." dit notre Imam.

Après le discours, nous avons prié tous ensemble, en groupe, après l'imam. Nous avons prié en direction de la Mecque, où se trouve la Maison sainte de Dieu, connue sous le nom de Kaaba.

Les musulmans du monde entier se tournent vers cette direction, qui est la première maison construite sur Terre pour le culte du Dieu Unique. Bien sûr, nous ne vénérons pas la Kaaba, nous utilisons seulement cette Maison Sainte comme direction à suivre pour vénérer le Dieu Unique. Les prières sont uniquement adressées à Dieu, notre Créateur.

Après avoir fini de prier, nous sommes rentrés à la maison.

"Papa, c'était magnifique, j'ai adoré. La Maison d'Allah est si belle et si paisible, j'ai hâte d'y revenir !" ai-je dit à mon père. J'ai dit à mon père.

"Tu verras plus souvent la maison d'Allah, inshAllah", dit mon père alors que nous rentrions à la maison.

En arrivant à la maison, je vis ma grande sœur et ma mère prier ensemble dans le salon. À la fin de la prière, ma grande sœur Zara me dit qu'elle voulait m'apprendre quelque chose. Elle voulait qu'on revoie les différents mouvements de la Salat.

La Salat ne consiste pas simplement à prier ou à implorer Dieu en disant ce que l'on pense, mais elle implique certaines paroles et certains mouvements que nous avons appris de notre dernier et ultime Prophète, Mohammed, la paix soit sur lui. Il nous a été ordonné de prier, tout comme le prophète Mohammed nous l'a enseigné" dit Zara.

Elle me montra comment la prière commence par "Allahu Akbar", qui se traduit par "Dieu est plus Grand (que tout)", et elle me montra également comment la prière implique la récitation de versets du Saint Coran, ainsi que des louanges et des supplications à Dieu, tout en se tenant debout, en s'inclinant et en se prosternant devant Lui.

"N'oublies pas de faire beaucoup de dou'as (supplications) à Allah lorsque tu es en prosternation (soujoud), car c'est dans cette position que nous sommes les plus proches d'Allah", dit Zara.

"Et donc, n'hésites pas à demander à Allah le Paradis et tout ce que tu veux dans l'au-delà et dans ce monde", ajouta-t-elle. "Tu devrais prier, Zaid, comme le font des centaines de millions de personnes dans le monde entier", conclut ma sœur.

À la fin, je lui fis un câlin pour m'avoir appris à prier et je me préparai pour le déjeuner.

Le lendemain, le samedi matin, ma mère frappa à ma porte.

C'est l'heure de te réveiller, mon fils, il est temps de te préparer pour ton école islamique du week-end ", me dit ma mère.

En arrivant en classe, mon enseignant dit : " Aujourd'hui, nous allons apprendre la Salat - la prière à Allah, Celui qui nous a créés. Allah nous a créés pour que nous puissions l'adorer. Nous l'adorons en accomplissant notre Salat et en faisant des choses qui lui plaisent, comme être gentil avec nos parents et aider les autres", ajouta mon enseignant.

"Qui peut me dire combien de fois les musulmans prient en une journée ? demanda l'enseignant.

Mon ami Omar leva la main et répondit : "6 fois par jour".

Pas tout à fait, mais pas loin", répondit mon enseignant.

Je me suis alors souvenu que mon père m'avait expliqué cela dans la voiture en revenant de la mosquée le vendredi, et j'ai levé la main aussi haut que possible.

"Oui, Zaid", dit mon enseignant en me désignant du doigt.

"Les musulmans prient cinq fois par jour", répondis-je.

"C'est exact, Zaid, excellent ! fit mon enseignant avec un sourire sur le visage.

"Le devoir d'aujourd'hui consistera à trouver quand les cinq prières quotidiennes sont accomplies et à les écrire, et j'aurai besoin d'une personne courageuse pour se lever et présenter les heures des cinq prières quotidiennes à toute la classe", dit notre enseignant.

Riiiiiiiiiing fit la cloche de la fin des cours.

En arrivant à la maison, je me précipitai dans la cuisine pour faire un câlin à ma mère, qui préparait le déjeuner.

"Comment était l'école aujourd'hui, Zaid ?" demanda ma mère.

"C'était intéressant, maman", répondis-je. "Notre devoir est de trouver à quel moment les musulmans font les cinq prières quotidiennes. Tu peux m'aider, maman ?"

"Bien sûr, Zaid", répondit ma mère en remuant le riz.

"La première est **la prière de Al-Fajr**, qui se fait de l'aube à peu avant le lever du soleil.

La deuxième est **la prière de Ad-Dohr**, effectuée juste après midi (le milieu de la journée, lorsque le soleil passe le point médian dans le ciel).

La troisième est **la prière de Al-Asr**, effectuée vers l'après-midi (entre midi et le coucher du soleil).

La quatrième est **la prière de Al-Maghrib**, qui se fait directement après le coucher du soleil."

La cinquième est **la prière de Al-Ichae**, effectuée en fin de soirée, à la tombée de la nuit (environ une heure et demie après le coucher du soleil)."

"Wow, maman, cela va beaucoup m'aider", lui dis-je. "Maintenant, j'ai besoin que tu les répètes pour que je puisse les écrire, les mémoriser et les accrocher à mon mur !" ajoutai-je.

"Bien sûr, Zaid", répondit ma mère. "Mais avant que tu ne prennes ton bloc-notes, je dois te dire encore une chose", fit maman en salant et en poivrant notre délicieux poulet.

"Pour un musulman, lorsque l'heure de la prière arrive, il doit arrêter ce qu'il est en train de faire pour prier et se rapprocher d'Allah, qui est tout proche de nous. Nous ne le voyons pas, mais Lui nous voit et nous entend. Prier Allah est pour notre propre bien et nous apporte beaucoup dans l'au-delà et dans ce monde aussi ! Un musulman interrompt temporairement son activité, qu'il s'agisse de cuisiner, de dormir ou de jouer à des jeux vidéo, pour prier Allah. Il doit faire de son mieux pour se concentrer pendant la Salat et ne rien laisser le distraire - chaque musulman doit faire des efforts pour améliorer sa prière ; c'est une pratique de toute une vie, tu me comprends, Zaid ?" demanda Maman.

"Oui, mais cela semble un peu difficile", lui répondis-je.

"C'est peut-être un peu difficile au début, mais ça devient plus facile, Zaid. Prier Dieu est une énorme bénédiction et un cadeau que Dieu nous accorde", dit ma mère.

Je souris et courus prendre mon bloc-notes dans mon sac à dos.

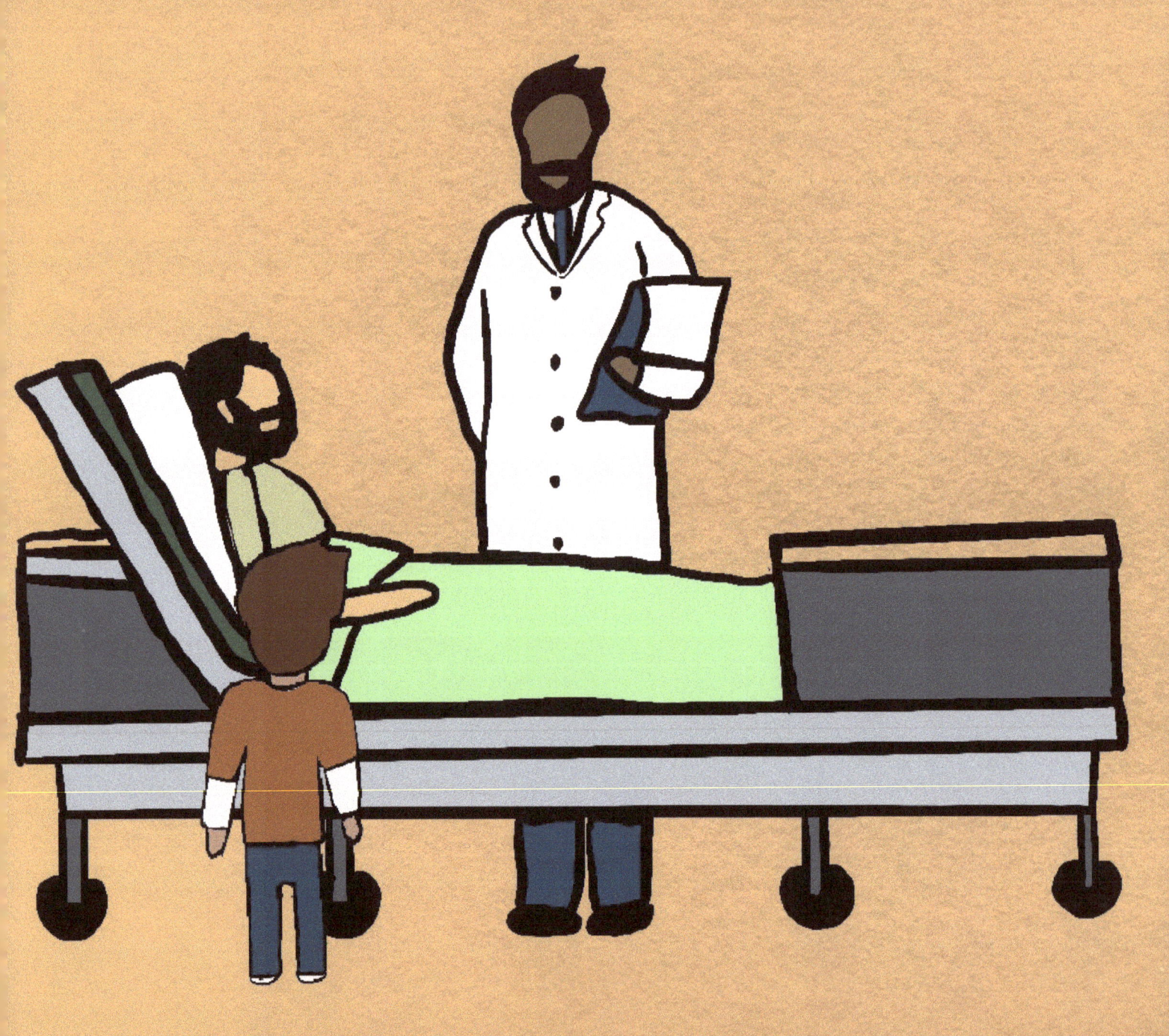

Mes parents, ma sœur et moi rendons visite à mon oncle Nabil, qui est malade à l'hôpital.

"Comment te sens-tu, oncle Nabil ?" demandai-je à mon oncle.

"Je me sens beaucoup mieux, Zaid. Ne m'oublie pas dans ton dou'a et demande à Allah de me guérir", me répond mon oncle.

"Je ferai un dou'a pour toi au moment de la prière et en dehors de la prière", lui dis-je.

"Il est temps de laisser oncle Nabil se reposer", dit le médecin en entrant dans la pièce.

Aussitôt, j'embrassai mon oncle sur le front et nous rentrâmes chez nous.

Le lendemain, mon père me déposa chez mon meilleur ami Omar. Omar a un ballon de foot et un immense jardin où nous avons l'habitude de jouer au foot. Après avoir joué, nous montâmes dans sa chambre.

"Qu'est-ce que c'est ?", demandai-je à mon ami Omar.

"C'est un livre que mon grand-père m'a donné", répondit Omar.

"De quoi ça parle et qu'as-tu appris ?" demandai-je ensuite à Omar.

"C'est sur la Salat, la prière à Allah. Le livre m'a appris que la Salat sera la première chose sur laquelle Allah nous interrogera et nous jugera le jour du Jugement, Zaid. Si la prière a été correctement effectuée, tout le reste suivra", ajouta Omar.

"Wow, je ne le savais pas", répondis-je.

"Maintenant que c'est l'heure de la prière de Al-Asr, prions ensemble, Zaid," dit Omar. "Après, nous pourrons peut-être jouer à des jeux vidéo avant le dîner", ajouta-t-il.

"C'est un bon plan", répondis-je.

Après avoir joué à des jeux vidéo, il commençait à faire nuit et j'avais un peu faim.

"Zaid, allons dîner, puis nous prierons la prière de Al-Maghrib avec mon père", dit Omar.

Nous nous assîmes à table dans la salle à manger avec les parents d'Omar, devant des plats et des boissons délicieux. Après avoir fini de manger, il était temps pour nous de prier ensemble.

"La prière est tellement sacrée qu'on n'a pas le droit de manger, de boire ou de parler quand on prie. Vous le saviez, Zaid et Omar ?" nous demanda le père d'Omar.

"Oui, nous le savons", nous répondîmes tous les deux. "Nous l'avons appris en classe avec notre enseignant".

Puis mon père arriva pour me ramener à la maison.

Le lendemain matin, mon père me demanda : " Zaid, tu veux courir avec moi ? Je vais faire un peu de jogging autour du lac ", ajouta mon père.

"Bien sûr, papa, je mets mes chaussures de course et je te rejoins dehors", répondis-je.

Mon père court depuis des années, il avait donc quelques longueurs d'avance sur moi.

"Ralentis, papa", criai-je.

Mon père sourit en ralentissant pour moi.

"Zaid, regarde toutes les belles créations d'Allah - Soubhan Allah, regarde toutes les belles grenouilles aux yeux globuleux, les jolis canards blancs et les tortues vertes aux carapaces dures tout autour de nous. Allah est tellement incroyable, Il a créé tous ces beaux animaux", ajouta mon père.

Je m'arrêtai pour reprendre mes esprits, je dis Bismillah et pris trois gorgées de ma bouteille d'eau, puis je continuai mon jogging avec mon père.

Deux ans plus tard. J'ai remarqué que j'étais passé d'une prière par jour à l'âge de 7 ans à deux ou trois prières par jour à l'âge de 8 et 9 ans. Je n'ai pas cessé de pratiquer et de me perfectionner. Ce n'était pas facile, je devais dormir tôt le soir, afin de pouvoir me lever tôt pour prier Al-Fajr à temps. Il n'était pas non plus facile de se concentrer, surtout pour la prière de Al-Fajr, puisque c'était si tôt le matin. Mais je me rappelais sans cesse que je faisais tout cela pour Allah afin qu'il soit satisfait et content de moi et que je devienne une meilleure personne.

La salat représente une sorte de nourriture pour l'esprit. Tout comme le corps a besoin de nourriture et d'eau tout au long de la journée pour être en bonne santé, notre esprit a besoin de la Salat, du se rapprocher d'Allah et de son adoration pour rester spirituellement sain. Je me suis également rappelé que, aussi difficile que soit la Salat, à la fin, le parcours en vaut la peine puisqu'il me mènera au Paradis, où je vivrai pour toujours et où je pourrai souhaiter tout ce que je veux.

Une année plus tard, et me voilà ! 10 ans et Alhamdulillah, je peux dire que je prie 5 fois par jour, tous les jours ! Je prie même à la Maison d'Allah dans notre Masjid local ici dans ma ville chaque semaine et inshAllah bientôt, je vais prier là-bas tous les jours ! Je me sens bien. Rien ne vaut le fait de se rapprocher d'Allah tout au long de la journée. J'ai remarqué que mes prières ont fait de moi une meilleure personne. Mon attitude, mon comportement, ma mentalité, mes pensées et mes priorités se sont alignés avec ce qui compte vraiment dans ma vie.

J'essaie de mon mieux de ne pas être paresseux et de ne pas manquer mes prières, parce que si quelqu'un devient paresseux et manque ses prières, il ou elle verra les conséquences de se sentir éloigné d'Allah - ce que personne ne souhaite. Cela peut pousser quelqu'un à accumuler ses péchés et à faire de mauvaises choses. La salat est ce qui me protège de tout cela et de Shaytan (le diable) qui chuchote de mauvaises pensées aux oreilles des gens !

"Zaid, réveille-toi", dit mon grand-père en me réveillant au milieu de la nuit.

"Bonjour, grand-père", répondis-je en essayant d'ouvrir mes deux yeux.

"Je suis sur le point de prier ; veux-tu te joindre à moi ? C'est une prière spéciale appelée "At-tahajjoud" qu'Allah aime beaucoup", ajouta mon grand-père.

"Bien sûr", répondis-je en me levant avant de me diriger vers la salle de bain pour faire le woudou.

Puis je me suis aligné avec mon grand-père pour qu'il nous guide dans la prière. Nous avons prié pendant environ dix minutes, puis j'ai remercié mon grand-père de m'avoir réveillé et je me suis recouché.

Je me sentais très proche d'Allah - alors que je priais au milieu de la nuit. J'étais honoré qu'Allah me permette de Lui adresser cette prière au milieu de la nuit, sachant que ce n'est pas facile à faire.

Allah a tout et n'a pas besoin de notre adoration ou de nos prières. Nous prions pour notre propre bénéfice et pour nous aider. Dieu a fait en sorte que le fait de l'adorer et de se rapprocher de Lui soit bénéfique pour nous--- nous devrions donc prier et nous rapprocher de Lui tout le temps !

Je te remercie de m'avoir accompagné dans cette aventure et j'espère que tu t'es autant amusé que moi. J'espère également que tu as appris une chose ou deux et que tu utiliseras ces connaissances pour te rapprocher de ton Créateur.

Rappelle-toi, chéris ta Salat parce que la Salat est un énorme cadeau qu'Allah nous a donné, à toi et à moi.

Salam Alaykum, mon ami !

La fin.

www.ingramcontent.com/pod-product-compliance
Lightning Source LLC
Chambersburg PA
CBHW050802080526
44579CB00019BA/158